글 안 라란느 Anne Lalanne

오늘의 아이들이 내일의 국가라고 여기는 교사입니다. 초등학교에서 아이들에게 자신만의 커리큘럼으로 철학의 가치를 알리고 있습니다. 《초등학교에서 철학 만들기》라는 책을 썼습니다.

그림 티에리 마네스 Thierry Manes

프랑스 남부 출신의 일러스트레이터입니다. 귀여운 어린이와 동물 그림 그리기를 좋아합니다. 국내에 소개된 작품으로는 《오늘도 궁금한 것이 많은 너에게》가 있습니다.

옮김 장석훈

대학과 대학원에서 철학, 프랑스문학, 비교문학을 공부했습니다. 책을 쓰고 옮기는 일을 하고 있습니다. 지은 책으로 《생각의 말들》, 《자유, 평등, 박애의 나라 프랑스 이야기》, 《세상을 알게 한 문자》 등이 있으며, 옮긴 책으로 《미생물》, 《지구인이 우주로 가는 방법》, 《내 방 여행하는 법》 등이 있습니다.

Et toi, qu'est-ce que tu en penses ? - Tous pareils ou différents ?

by Anne Lalanne (Author) and Thierry Manes (Illustrator)
Copyrights © Hachette Enfants / Hachette Livre, 2021
All rights reserved.
Korean translation rights © Dasan Books, 2024
Korean translation rights are arranged with Hachette Livre through Amo Agency Korea.

이 책의 한국어판 저작권은 AMO 에이전시를 통해 저작권자와 독점 계약한 다산북스에 있습니다.
저작권법에 의해 한국 내에서 보호를 받는 저작물이므로 무단 전재와 무단 복제를 금합니다.

질문의 힘을 길러 주는 맨 처음 철학 교실 ❻

다르다라는 건 뭘까?

안 라란느 글 | 티에리 마네스 그림 | 장석훈 옮김

다섯
어린이

그렇다면, 우리는 모두 다른 건가요?

나도 그네 타는 거 좋아해.
너희들과 다르지 않아!

여러분 생각은 어떤가요?

> 정말 이해가 안 돼.
> 누구에게나 머리, 팔과 다리, 몸이 있어.
> 그렇다면 사람들은 다른 게 아니라,
> 다 같은 거 아닌가?

에르완은 이야기를 지어 내며 노는 걸 좋아해요.
보라색 꼬마 괴물들이 날아다니는 별을 상상하지요.

**만약 에르완이 그 별에 간다면,
그곳에서 외계인은 누구인가요?
왜 그럴까요?**

우리는 어떤 것들이 다를까요?

다른 것에는 '**개인적인 차이**'와
'**사회적인 차이**'가 있어요.

개인적인 차이에는 어떤 것들이 있나요?

줄리엣은 어른이 되면 콧수염이 날 거라고 생각해요.
과연 그럴까요?

마르탱은 나면서부터 앞을 보지 못해요.
그래서 사촌 폴과 달리기 시합을 하기는 어려워요.
하지만 마르탱은 무슨 소리든 잘 구분할 수 있어요.
엔진 소리만 듣고도 어떤 자동차인지 알아맞히죠.

그리고 둘은 함께 연주하고 노래하는 것을 좋아해요.

여러분도 잘하지 못하는 일이 있나요?

사람마다 몸의 특징이 달라요.
성별도 다르고 피부색, 눈동자 색, 머리카락 색도 다 다르지요.
이런 것들은 개인적인 차이예요.
장애가 있다면, 그것도 개인적으로 다른 거지요.
하지만
우리에겐 모두 몸이 있고, 저마다 재능이 있어요.

줄리엣은 만화 영화를 보러 엄마랑 극장에 갔어요.
줄리엣은 만화 영화를 아주 좋아해요. 웃긴 장면이 많거든요.
그런데 극장 안을 둘러보니 무서워하는 아이도 있고, 우는 아이도 있네요.

함께 같은 영화를 보고도 **다르게 느낀** 적이 있나요?
왜 그럴까요?

우리 모두는 감정을 느껴요. 좋아하거나 싫어하는 것도 있지요.
또 저마다의 성격도 있어요.
하지만 그것을 드러내는 방식은 사람마다 다 달라요.

사회적인 차이에는 어떤 것들이 있나요?

리암은 생일 선물로 책을 받았어요.
전 세계의 다양한 집에 관한 책이에요.
리암은 이렇게 다양한 집이 있다는 걸 알고 놀랐어요.

여러분도 놀랍고 신기한가요? 왜 그런가요?

여러분도 믿고 있는 종교가 있나요?

사회적인 차이는 여러 가지가 있어요.
음식, 옷차림, 사는 집, 종교 같은 것들이지요.
이런 차이를 문화적인 차이라고도 해요.

발랑탱이 사는 아파트에 새로운 이웃이 이사를 왔어요.
아무도 그들에 대해 아는 것이 없어요.
발랑탱은 그들과 마주치는 것이 두려웠어요.

다르다는 것 때문에 두려운 마음이 드는 까닭은 뭘까요?

발랑탱네 가족은 어느 날 시장에서 새 이웃을 만났어요.
서로 인사를 나누었지요.

**이제 발랑탱은 그들과 이야기하는 게 두렵지 않아요.
왜 그럴까요?**

다른 누군가에 대해 잘 모를 때, 우리는 그들을 두려워하게 돼요.

마을에 서커스단이 찾아왔어요.
루, 폴, 아미나타 그리고 아튀르는 서커스단이 천막을 치는 모습을 구경해요.
서커스 단장의 아들 가뱅이 아이들을 이동 버스로 초대했어요.
아이들은 서커스단 사람들이 어떻게 생활하는지 볼 수 있었지요.

우리와 다른 방식으로 살아가는 사람들을 보면 정말 흥미로워요. 왜 그런가요?

가브리엘의 학교에는 다른 나라에서 온 친구가 많아요.
학교 축제 날, 친구들은 자기 나라의 음식을 가져왔어요.
아이들은 다양한 음식을 맛보면서 서로에 대해 알아가는 게 즐거웠어요.

좋아하는 것을 같이 나누면 기분이 참 좋지요?

왜 그럴까요?

여러분은 자신이 **어떤 사람인지** 똑 부러지게 말할 수 있나요?
나와 다른 사람에게서 우리는 무엇을 얻을 수 있을까요?

나와 다른 사람을 만나면 우리는 **자신을 더 잘 알 수 있어요.**

이러한 차이들은 우리에게 **어떤 영향을 주나요?**

서로 다를 때 우리 삶은 **풍요로워져요.**

여러분 생각은 어떤가요?

우리는 언제, 어디에서 태어났는지에 따라
사회적인 차이와 개인적인 차이가 생겨요.

하지만
우리 모두 먹고, 입고, 잔다는 것과 바라는 것, 꿈이 있다는 점에선 같아요.
그리고 감정과 느낌을 같이 나누고 싶어 해요.

사람들은 저마다 달라요.
사는 방식도 저마다 다르고요.
세상에는 우리가 모르는 새로운 것이 정말 많아요!
앞으로 만나게 될 사람들도 정말 많고 다양할 거예요!

우리가 '인류'라는 커다란 가족의 구성원이라는 점은 모두 같아요.
그렇기에 서로 다르다 해도 우리는 하나인 거예요.

여러분은 어떻게 생각하나요?

여러분은 어떻게 생각하나요?

나와 내 단짝 친구는 어떤 점이 다른가요? 사람은 다 달라요. 생김새도 다르고, 먹고, 입고, 자는 생활 습관도 다르지요. '다르다'는 것에 대한 질문들에 답하며 그 의미를 생각해 보아요.

 첫 번째 질문   우리는 어떤 점이 다른가요?

한날한시에 태어난 쌍둥이라도 둘이 똑같지는 않아요. 어떤 친구와는 피부색이 다르기도 해요. 다른 나라의 말을 쓰는 사람을 본 적도 있을 거예요. 사람마다 다른 것은 매우 자연스러운 모습이에요. 사람들은 어떤 점에서 저마다 다른지 자유롭게 써 보아요.

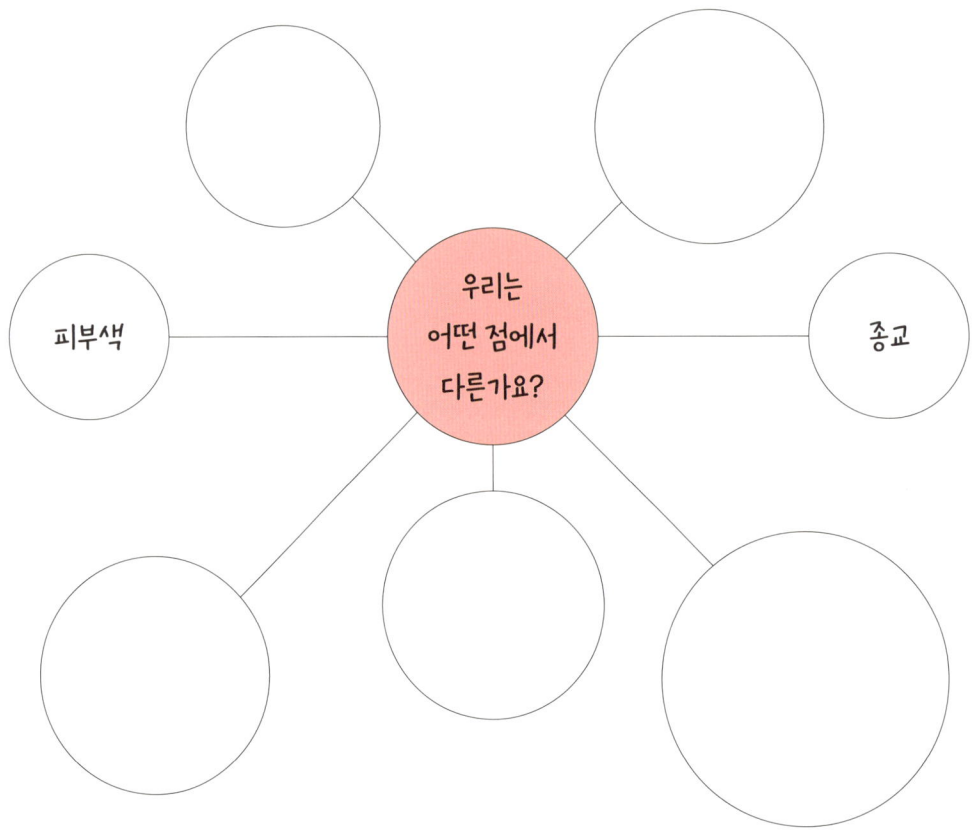

두 번째 질문   '개별적인 차이'와 '사회적인 차이'는 무엇이 다른가요?

'개인적인 차이'는 생김새, 성별, 성격처럼 사람마다 서로 다른 것을 말해요. '사회적인 차이'는 '문화적인 차이'라고도 하는데 집을 짓는 방식이나 종교처럼 살아 온 환경에 따라 서로 달라지는 것들이에요. 두 종류의 차이를 구분해 보아요.

1. 두 사람은 성별, 키, 피부색이 달라요.

2. 마르탱은 나면서부터 앞이 안 보여요.

3. 같은 영화를 봐도 느끼는 감정은 달라요.

4. 나라마다 사람들이 즐겨 먹는 음식이 달라요.

개인적인 차이 (   ), 사회적인 차이 (   )

세 번째 질문   '다른 것'에 대해 어떻게 생각하나요?

나와 다른 것에 대해서는 잘 알지 못하기 때문에 두려운 마음이 들기도 해요. 하지만 때로는 나와 다르기 때문에 흥미가 생기기도 하지요. 다르고 낯선 것에 대한 생각이나 태도 역시 사람마다 다르답니다. 자신의 경험을 떠올려 써 보고 어떤 태도를 지녀야 할지 생각해 보아요.

 두려웠어요.

 흥미로웠어요.

좀 더 알아 보아요

다문화

'다문화'는 한 사회 안에 여러 민족이나 여러 나라의 문화가 섞여 있는 것을 뜻해요. 나라와 나라를 오가는 일이 쉬워지면서 한국도 다문화 사회가 되었지요. 일상에서 나와 다른 생각이나 생활 습관을 가진 친구들을 종종 만날 수 있어요. 이때 서로의 차이를 알고 이해하려는 노력이 필요합니다. 무엇보다 각자가 소중한 존재라는 것을 잊지 말아야 해요.

네 번째 질문   다르지만 같다고요?

차이를 받아들이고 이해하는 것만큼 서로 얼마나 닮았는지 이해하는 것도 중요해요. 우리는 '인류'라는 커다란 가족을 이루며 살아가야 하니까요. 앞으로 만나게 될 친구도 나와 다른 점도 있고 같은 점도 있을 거예요. 훗날 만나게 될 친구를 상상하며 편지를 써 보아요.

훗날 만나게 될 내 친구   에게

서로의 차이를 알아가는 게
처음엔 귀찮거나 두려울 수 있어요.
하지만 서로의 차이를 슬기롭게 받아들이면
우리 마음은 더 자라고 삶은 더 풍요로워져요.

맨 처음 철학 교실 6
다르다라는 건 뭘까?

초판 1쇄 인쇄 2024년 6월 5일
초판 1쇄 발행 2024년 6월 20일

글 안 라란느 그림 티에리 마네스 옮김 장석훈

펴낸이 김선식
펴낸곳 다산북스

부사장 김은영
어린이사업부총괄이사 이유남
책임편집 박정민 **디자인** 김은지 **책임마케터** 안호성
어린이콘텐츠사업1팀장 박정민 어린이콘텐츠사업1팀 김은지 박세미 강푸른
마케팅본부장 권장규 마케팅3팀 최민용 안호성 박상준 송지은
미디어홍보본부장 정명찬
편집관리팀 조세현 김호주 백설희 **저작권팀** 한승빈 이슬 윤제희 **제휴홍보팀** 류승은 문윤정 이예주
재무관리팀 하미선 윤이경 김재경 이보람 임혜정
인사총무팀 강미숙 지석배 김혜진 황종원
제작관리팀 이소현 김소영 김진경 최완규 이지우 박예찬
물류관리팀 김형기 김선민 주정훈 김선진 한유현 전태연 양문현 이민운

출판등록 2005년 12월 23일 제313-2005-00277호
주소 경기도 파주시 회동길 490
전화 02-704-1724 팩스 02-703-2219
다산어린이 카페 cafe.naver.com/dasankids 다산어린이 블로그 blog.naver.com/stdasan
종이 스마일몬스터 **인쇄 및 제본** 상지사 **코팅 및 후가공** 제이오엘앤피

ISBN 979-11-306-4757-9 74100

- 책값은 뒤표지에 있습니다.
- 파본은 본사 또는 구입한 서점에서 교환해 드립니다.
- KC마크는 이 제품이 공통안전기준에 적합하였음을 의미합니다.
- 아이들이 책을 입에 대거나 모서리에 다치지 않게 주의하세요.
- 이 책은 저작권법에 의하여 보호를 받는 저작물이므로 무단 전재와 복제를 금합니다.